Je suis une étoile et toi aussi

La Respiration magique

Retrouvez dans la collection

Je suis une étoile et toi aussi

Déjà paru

Dame la terre

À paraître

Le jeu d'amour

La corde sensible de Sensilla

Sensilla et sa bande de mini-moi

Au secours je vois des monstres !

Textes d'Alexandra Célérault
Illustrations de Juliette Schack

ISBN : 978-2-492847-38-7

www.editions-tredaniel.com
info@guytredaniel.fr
www.facebook.com/editions.tredaniel
@goodmooddealer

Alexandra CÉLÉRAULT
Illustrations de **Juliette Schack**

Je suis une étoile et toi aussi

La Respiration magique

GOOD MOOD DEALER
By EXERGUE
27, rue des Grands-Augustins
75006 Paris

La collection **« Je suis une étoile et toi aussi »**
propose aux **enfants** de percevoir autrement
le monde qui les entoure afin d'accéder à une autre
connaissance d'eux-mêmes.

Tome après tome, l'enfant renoue avec **sa propre étoile** en devenant **l'acteur principal de son bien-être** et apprend à se fier à la force de vie non visible qui vibre en chacun de nous : **notre être**.

Présentation des personnages

Naos, une étoile intergalactique.
Elle aime la vie et les gens. Bienveillante, exigeante et remplie de sagesse, elle est toujours prête à aider. Une vraie lumière !

Leya, 6 ans.
Espiègle, joyeuse, elle se pose beaucoup de questions sur la vie et ose exprimer ses opinions.

Calie, le chien.
Fidèle, il aime les câlins. Il accompagne Leya et Paco partout avec son esprit doté de **bon sens**.

Isabella, la maman.
Dévouée et protectrice.

Milo, le papa.
Volontaire et introverti.

Paco, 9 ans.
Le grand-frère de Leya.
Il est **calme, réfléchi** et surtout **déterminé** à tout comprendre.

Il existe quelque part dans un appartement une famille comme les autres, ou pas... Où la vie prend un autre sens et tout ce qui est invisible devient visible.

C'est la maison où vit **Leya**, qui va faire une rencontre surprenante...

Salut, je m'appelle **Leya**, j'ai 6 ans, je vis avec mon papa, ma maman et mon grand frère dans un appartement. Je vais te raconter l'histoire de **la rencontre qui a changé ma vie pour mieux changer la tienne.**

Cette rencontre, c'est celle avec une étoile qui s'appelle **Naos**.

Naos est venue me parler un soir dans mon lit, quand j'étais calme, dans le silence, et que je pouvais l'entendre.

Elle a chuchoté dans mon oreille ou peut-être dans mon cœur et elle m'est apparue ! J'étais éblouie par tant de clarté ! **Cette lumière dans ma vie a fait jaillir la lumière dans mon cœur !**

Elle souhaite, tout particulièrement, que je te transmette ses messages pour que tu puisses parler avec elle, mais surtout pour que tu te connectes à ton étoile, celle qui se trouve à l'intérieur de toi. Oui, toi aussi, **tu as une étoile dans ton cœur !**

Moi, c'est Naos, je viens te raconter comment je vois le monde d'en haut, avec toute ma lumière, avec tous mes mots scintillants de clarté, de vérité et d'amour.

Comme je vis tout là-haut, j'ai ce qu'on appelle une vision claire, une vue d'ensemble où tout s'assemble. Cela me permet de comprendre comment toute la vie s'imbrique entre là-haut dans le ciel et en bas sur la Terre. Et surtout, en vous, les êtres humains.
Tu vas voir, c'est magique !

Je vois aussi ce qui se passe la nuit et tout ce qui se passe le jour.
Car, même si tu ne me vois pas, je suis toujours là, bien présente,
et **tu peux me parler à tout moment, je t'entendrai et te répondrai à chaque instant**.

Les étoiles communiquent avec toi, tout le temps ; il suffit simplement de s'arrêter un moment, de faire silence et de se mettre à l'écoute de son corps, enfin... plus précisément à l'écoute de son cœur.

Car au fond de toi réside une étoile, ta lumière avec laquelle tu peux entrer en contact comme avec toutes les autres lumières dans l'univers.

Alors, installe-toi confortablement, prends des grandes respirations lentes, calmes et régulières, fais silence autour de toi et en toi, dans ta tête, dans ton cœur. C'est parti !

Je ne sais pas si tu sais, mais je suis une étoile intergalactique millénaire. Millénaire, ça veut dire que j'ai des milliers d'années et que j'existe depuis la nuit des temps car je suis éternelle.
Je suis un être vivant comme toi et je suis remplie d'une **lumière resplendissante, éblouissante, étincelante et rayonnante, tout comme toi**.
Clac
Clac
Éblouissante ? Une Lumière ? Rayonnante ?
=
=
Leya : *Ah bon ! Moi Leya ? Je suis une lumière rayonnante ? Personne ne m'a jamais expliqué ça, ni mon papa ni ma maman... et à l'école, la maîtresse ne nous l'a jamais appris. Pourquoi ?*

Naos : J'étais sûre que tu allais me répondre ça. La plupart des adultes sur la planète Terre ont simplement oublié qui ils sont au fond d'eux-mêmes : **des étoiles lumineuses.**

Tu vas sûrement me demander : « Comment ont-ils pu oublier cela ? »

Premièrement, cela s'oublie très vite, Leya, car ce n'est pas quelque chose qui est visible mais invisible… Je te l'expliquerai plus tard.

Et, deuxièmement, cet oubli s'est retransmis de génération en génération. Personne n'apprend cela aux enfants, ce qui fait qu'à l'âge adulte ils ne le savent pas, donc, ils ne le transmettent pas à leurs propres enfants.

Pourtant si, à partir de maintenant, tu l'apprends, tu l'enregistres et le sais pour toujours ! Et tu vas pouvoir le transmettre et l'enseigner aux autres, qui pourront le transmettre à leur tour. Comme ça, tous les parents, tous les enfants de la Terre sauront que **nous sommes la lumière**.
N'est-ce pas merveilleux ?

NOUS SOMMES LA LUMIÈRE

Leya : *Oui, je crois ! Mais c'est quoi une lumière exactement Naos ?*

Naos : *Une lumière, c'est ce qui nous éclaire comme les étoiles dans le ciel quand il fait nuit. Une étoile nous montre l'importance de nous connecter à notre lumière intérieure pour rayonner de tout notre être.*

Leya : *Et comment on se connecte à sa lumière ?*

Naos : *C'est très simple Leya… On se connecte à sa lumière en y pensant ! Il suffit d'imaginer un fil magique qui te relie à tout ce qu'il y a de bon, de beau, de lumineux en toi pour illuminer ta tête et ton corps. Et chacun de nous a ce fil magique qui nous connecte à notre part lumineuse. Il est à l'intérieur de nous, et cela s'appelle l'âme.*

Leya : *L'âme ? J'ai une âme ?*

Naos : *Plus justement, tu es une âme dans un corps ! L'âme est ta part invisible, c'est elle qui anime ton corps. Et, comme tu ne la vois pas, tu peux ne pas y croire. Alors que, moi, je vis l'inverse : j'y crois alors je la ressens et je la vois.*

Naos : *Je m'y relie toute la journée même lorsqu'il fait tout noir ou tout gris autour de moi. En restant concentrée, je ne pense pas durant la journée qu'on ne me voit pas, que je suis toute petite, ou qu'on ne m'aime pas ; je suis une étoile de lumière et rien ni personne ne peut me déconcentrer.*

Tu comprends ?

Je n'ai pas peur d'être une étoile et encore moins de l'obscurité, car c'est grâce à cette obscurité que l'on peut me voir autant briller, scintiller et admirer toute ma beauté.
La nuit ne peut exister sans le jour, Leya.
Grâce à l'une tu contemples le coucher du soleil et grâce à l'autre tu peux admirer la beauté des lumières de l'aube.

Leya : *Moi, j'aimerais bien briller comme toi, comme une étoile ! J'aimerais savoir comment rester concentrée ?*

Naos : *Il te suffit juste de croire en ton étoile !*

Leya : *Bah.... j'y crois !*

Naos : *Tu es sûre ? Tu y crois fort comment ?*

Leya : *J'y crois, Naos !*

Naos : *Fort comment ?*

Leya *(en hurlant)* **:** *J'y CROIIIIIIIIIIIIIIIIIIIIIS !*
J'y CROIIIIIIIIIIIIIIIIIIIIIIS !

Naos : *Tu m'as convaincue !!!* ***Sache que plus tu y crois, plus tu brilles et plus toutes les étoiles brillent.*** *À toi de t'en souvenir à présent.*

Leya : *D'accord, Naos, je m'en rappellerai ! Plus je crois en moi, plus je crois en mon étoile et plus je brille.*

Naos : *Maintenant que tu y crois fort, tu as le pouvoir de la faire briller tout le temps. Mais il se peut que, parfois, tu te mettes à douter comme beaucoup d'êtres humains de la Terre.*

Leya : *Oui, souvent même… Naos !*

Naos : *Souvent ? Tu sais, Leya, ce n'est pas nécessaire ! Tu peux douter quelques minutes mais pour mieux te reconcentrer et continuer de croire en toi. Lorsque tu étais un bébé et que tu apprenais à marcher, tu as pu douter d'y arriver, tu es sûrement tombée une fois, deux fois, voire des centaines de fois, et pourtant, à chaque fois, tu t'es relevée et* ***tu as continué de croire en toi****. Tu as recommencé avec volonté et détermination car la force de ton étoile te poussait à te relever pour atteindre ton objectif et rien ne pouvait t'en empêcher.*

Naos : Et sais-tu pourquoi ?

Leya : Euh… non !

Naos : Car la chute est un APPRENTIS-SAGE ! Cela veut dire que tu es un apprenti qui est en train de grandir en sagesse. Grâce à tes erreurs, tu reçois des informations qui te permettent de t'ajuster et de t'améliorer. N'est-ce pas fantastique ? Et ce qui est génial, c'est que l'on se relève toujours plus fort, car notre âme nous pousse sans cesse à aller de l'avant.

Leya : Wouah ! Alors… lorsque j'ai l'impression de faire des erreurs et d'être nulle cela veut dire que j'apprends et que je grandis ?

Naos : Oui, pour pousser et grandir il est nécessaire de se planter ! Ah, ah, ah !

Leya : Je vais regarder mes erreurs différemment maintenant Naos.

Naos : *Maintenant, je vais te donner mon astuce pour rester concentrée sur ta lumière dans ta vie de tous les jours. Cela s'appelle la respi-magique… On respire la magie de la vie pour rendre sa vie fantastique ! Tu vas voir, c'est simple comme un « bonjour ».*

Leya : *Quoi ? Respirer ? Mais je respire déjà sans même y penser, Naos. Je respire tout le temps. Regarde !*

Naos : *Ah, ah, ah ! Ce n'est pas respirer mais plutôt faire de l'apnée.*
La respi-magique, c'est inspirer et expirer en CONSCIENCE *Leya. Ça veut dire en ayant conscience de ta respiration… C'est justement penser que tu es en train de respirer pour retrouver ta clarté intérieure.*
Par exemple, moi, quand je respire, j'inspire de la lumière et j'expire tout ce qui m'ennuie et me tracasse. Je le fais plusieurs fois par jour en conscience pour maintenir ma lumière intérieure et me détendre.

Naos : *Et c'est pareil pour toi, Leya !*
Pour rester reliée à ta lumière intérieure, il te suffit d'inspirer des paillettes étoilées, calmantes, et d'expirer des monstres de peurs, de colère, de tristesse…
Inspire de la lumière dorée et expire tes soucis et tracas noirs et gris.
Tu verras, plus tu inspires la lumière dorée et plus ton corps devient tout doré jusqu'à ressentir une énorme bulle de lumière dorée tout autour de toi.
Maintenant à toi de jouer, Leya ! ***Respi-magique comme une étoile.***

Cette astuce, tu peux la pratiquer autant de fois que tu le souhaites dans la journée et surtout dès que tu en as besoin.

+ + PFF
+ +
+
J'Y CROIS!
+
RESPIRE
PFF
PFF

Leya : *Ça y est, j'y arrive ! C'est génial et qu'est-ce que ça fait du bien dans mon corps et dans ma tête. J'avais une grosse boule dans la gorge et dans le ventre et elles se sont dissipées. Je me sens resplendissante. Je suis une pépite d'or. Je suis une étoile ! Yahouu !* Dis-moi, Naos, je peux te poser une autre question ?

Naos : *Plus tard, Leya,* ***RESPI-MAGIQUE !***

LA COMPTINE DE NAOS

Chante Avec Moi
La Respi-magique

Quand je me lève de mauvais pied
Et que je me sens tout embrouillé
Je n'ai qu'à respirer avec « CLARTÉ »
Pour illuminer le monde entier

REFRAIN

Je respi-magique
Je respire la magie de la vie
J'inspire des paillettes fantastiques
Et j'expire mes soucis noirs et gris

Quand j'ai de mauvaises pensées
Et que ma tête est toute embrumée
Je n'ai qu'à penser avec « CLARTÉ »
Pour faire éclore de belles idées

Quand je vois tout petit, tout gris
Et que je sens mon cœur engourdi
Je m'imagine dans une bulle de « CLARTÉ »
Pour rayonner de toute mon immensité

REFRAIN

COMPTINE
À ÉCOUTER

Télécharger la comptine sur : **www.alexandracelerault.com**

Maintenant, à toi de jouer
et de dessiner l'étoile
dans ton cœur !

Amuse-toi à colorier
la bulle de lumière
de Leya.

Amuse-toi à colorier
le fil magique
qui relie Naos à Leya.

Je suis une étoile et toi aussi

L'ASTUCE LUMINEUSE DE NAOS

« LA RESPIRATION MAGIQUE »

Maintenant que je t'ai révélé mon astuce lumineuse « La respiration magique » pour rendre ta vie fantastique, tu te demandes sûrement à quoi cela te sert véritablement et quand est-ce que tu peux l'utiliser précisément dans ta vie.

Pourquoi utiliser le super-pouvoir de la « respi-magique » ?

En changeant volontairement la façon dont tu respires, tu augmentes la quantité d'oxygène reçue par ton cerveau et lui communiques que tu es en sécurité, ton corps peut alors automatiquement se détendre et se calmer.

Quand utiliser la respi-magique ?

- Quand tu te sens tout embrouillé intérieurement et que tu n'arrives plus à savoir ce que tu désires.
  ★ **Tu vas retrouver des idées claires et écouter à l'intérieur de toi « comment tu te sens ».**
- À l'école, avant une interrogation, un contrôle, une récitation et que tu te sens stressé.
  ★ **Tu vas te calmer et réussir à te concentrer.**
- Après un conflit, tu te sens tout agité et n'arrive plus à communiquer clairement.
  ★ **Tu vas réussir à exprimer tes besoins et envies.**
- À l'école, après la récréation tu te sens tout agité.
  ★ **Tu vas retrouver ton calme intérieur.**
- Le matin au réveil, et le soir avant d'aller te coucher.
  ★ **Tu vas pouvoir te libérer de toutes les émotions accumulées durant ta journée et t'endormir apaiser.**
- Quand tu as mal au ventre ou à la tête suite à une grosse émotion ou des pensées qui t'ennuient.
  ★ **Tu vas pouvoir te libérer de cette grosse émotion ou de cette pensée et retrouver la joie à l'intérieur de toi.**

Et si on jouait maintenant à la respi-magique ?

Ferme les yeux pour imaginer le chemin de la respi-magique dans ton corps (tu peux aussi les garder ouverts si tu préfères).

Imagine que tu inspires des paillettes étoilées de la couleur de ton choix (ou de la lumière dorée) par tes narines jusqu'à ton ventre qui se gonfle de toutes ses paillettes d'étoiles.

Puis, expire lentement par la bouche des petits monstres de peurs, de colère, de tristesse (en comptant 4 secondes).

Plus tu inspires les paillettes étoilées ou la lumière dorée, plus tu deviens tout doré comme s'il y avait une énorme bulle de lumière de couleur tout autour de toi.

Ça y est, tu sais utiliser la respi-magique comme moi !

MÉDITATION AUDIO

Die beliebtesten Weihnachtsplätzchen

area

Die beliebtesten Weihnachtsplätzchen

Rezepte: Stockfood / Petra Knorr
Lektorat: Christina Kuhn, Köln
Foodfotos: Stockfood (Seite 11, 13, 15, 17, 19, 21, 23, 25, 33, 35, 37, 39,
41, 43, 45, 59, 61, 63, 65, 67, 69, 71, 73, 77, 89)
NOVA Libra (Seite 27, 29, 31, 33, 47, 49, 51, 53, 55, 57, 75, 79, 81, 83, 85, 87)
Layout & Satz: Derek Gotzen für NOVA Libra, Köln
Umschlaggestaltung: Derek Gotzen für NOVA Libra, Köln

Printed in Poland 2005

ISBN 3-89996-821-2

www.area-verlag.de

Vorwort

Nebliges, stürmisches Wetter, Kälte und die frühe Dämmerung im Advent machen Lust auf ein gemütliches Zuhause. Man sitzt wieder häufiger zusammen, zündet Kerzen an und freut sich gemeinsam auf Weihnachten. Jetzt wird auch wieder häufiger gebacken, und weihnachtliche Düfte durchziehen das Haus.

Mit selbst gebackenen Plätzchen können Sie sich und Ihre Lieben besonders schön verwöhnen. Sie verleihen jeder Adventskaffeetafel besonderen Glanz und sind – hübsch verpackt – ein sehr liebevolles und persönliches Geschenk. Ob Klassiker wie Zimtsterne, Lebkuchen und Spritzgebäck oder solche raffinierten Köstlichkeiten wie Amaretti-Makronen und Nuss-Schoko-Hörnchen – Plätzchen sind ein unvergleichlicher Genuss und gehören zur Adventszeit einfach dazu!

Damit das Plätzchenbacken aber nicht zu aufwändig und zeitraubend wird, haben wir für Sie hier viele schnell zuzubereitende Plätzchenrezepte zusammengestellt. Unsere Rezepte erklären nicht nur Schritt für Schritt die Arbeitsgänge, sondern sie enthalten gleichzeitig auch wichtige Tipps für feinste Glasuren und schönste Verzierungen.

Wir wünschen Ihnen viel Spaß beim weihnachtlichen Backen und einen schönen Advent!

Ihre Redaktion

Inhalt

sally

250 g Mehl
75 g Zucker
1 Prise Salz
2 Tl Bourbon-Vanille
1 Ei
125 g kalte Butter

Weihnachtliche Butterplätzchen

Aus allen Zutaten schnell mit möglichst kalten Händen einen mürben Teig kneten. In Klarsichtfolie wickeln und 2 Stunden in den Kühlschrank stellen. Den Backofen auf 200 °C vorheizen. Den Teig auf einer bemehlten Arbeitsfläche ca. 5 mm dick ausrollen, mit Weihnachtsförmchen den Teig ausstechen und die Plätzchen auf das mit Backpapier ausgelegte Backblech legen. Im Backofen etwa 10–13 Minuten goldbraun backen. Die Plätzchen auf einem Kuchengitter abkühlen lassen.

300 g Mehl
150 g Zucker
2 Eigelb
200 g kalte Butter
2 El Sahne

Für die Glasur und zum Verzieren:
125 g Puderzucker
2–3 El Himbeersirup
Nach Belieben 75 g Puderzucker
und 1–2 El Zitronensaft

Verzierte Mürbeteigplätzchen

Mehl, Zucker, Eigelb, Butter und Sahne rasch zu einem mürben Teig verkneten. Den Teig in Klarsichtfolie wickeln und 1 Stunde in den Kühlschrank geben. Das Backblech mit Backpapier auslegen und den Backofen auf 180 °C vorheizen. Die Arbeitsfläche mit Mehl bestreuen. Den Teig 1 cm dick ausrollen und mit verschiedenen Formen ausstechen. Die Plätzchen auf das Backblech legen und im Backofen in 12 Minuten goldgelb backen. Auf einem Kuchengitter abkühlen lassen.
Für die Glasur Puderzucker mit Himbeersirup verrühren und die erkalteten Plätzchen damit bepinseln. Nach Belieben mit einer zusätzlichen weißen Zuckerglasur verzieren. Hierfür Puderzucker mit Zitronensaft verrühren.

Schokoladenmakronen

3 Eiweiß
1 Prise Salz
150 g Zucker
50 g Mehl
150 g gemahlene Haselnüsse
100 g fein geriebene Zartbitter-Kuvertüre
75 g sehr weiche Butter
150 g Zartbitter-Kuvertüre

Für die Glasur:
150 g Puderzucker
Etwas Zuckercouleur zum Färben

Das Eiweiß mit dem Salz steif schlagen, Zucker einrieseln lassen und weiterschlagen. Das Mehl nach und nach dazugeben, dann die Haselnüsse, die geriebene Kuvertüre und zum Schluss die Butter unterrühren.

Den Teig in einen Spritzbeutel mit großer, glatter Tülle füllen und auf ein mit Backpapier ausgelegtes Backblech in Abständen kleine Tupfen (ca. 2,5 cm Ø) aufspritzen (ergibt etwa 45 Stück), da der Teig noch verläuft.

Im vorgeheizten Backofen bei 180 °C ca. 12 Minuten backen, herausnehmen und abkühlen lassen.

Kuvertüre zerkleinern und im Wasserbad schmelzen lassen. Dann die Unterseite der Makronen damit einstreichen und mit einer zweiten Makronen zusammensetzen.

Für die Glasur Puderzucker, 2–3 El Wasser und Zuckercouleur gut durchmischen, bis eine gleichmäßige Färbung entsteht, dann die Makronen damit einstreichen und trocknen lassen. Nach Belieben in Papierförmchen setzen.

10 quadratische Platten
Blätterteig (TK)
ca. 100 g Kirschmarmelade
1 Ei

Windräder mit Marmelade

Den Blätterteig nebeneinander liegend auftauen lassen. Die Kirschmarmelade mit 1 El heißem Wasser verrühren und je 1 El in die Mitte jedes Teigquadrats geben.
Den Teig von den Spitzen bis zur Marmelade einschneiden und wie Windmühlenflügel umknicken.
Die Windräder auf ein mit Backpapier ausgelegtes Backblech legen. Das Ei verquirlen und die Windräder damit einstreichen. Im vorgeheizten Backofen bei 200 °C ca.15 Minuten backen.

2 Eier
1 Prise Salz
50 g Zucker
2 El Eierlikör
60 g Mehl
40 g Speisestärke
1/2 Tl Backpulver
100 g dunkle Schokoladenglasur

Für die Füllung:
160 g weiße Schokolade
40 g Butter
80 ml Eierlikör

Eierlikörplätzchen

Die Eier mit Salz und Zucker luftig aufschlagen, so dass die Masse das vierfache Volumen bekommt.
Den Eierlikör unterrühren. Das Mehl mit der Stärke und dem Backpulver mischen und vorsichtig unter die Eiermasse heben.
Ein Backblech mit Backpapier auslegen. Den Teig in den Spritzbeutel füllen und teelöffelgroße Häufchen auf das Blech spritzen.
Im vorgeheizten Backofen bei 180 °C ca. 10 Minuten backen und anschließend auf einem Kuchengitter erkalten lassen.
Die Schokoladenglasur nach Packungsangaben vorbereiten und mit einem Pinsel auf der Unterseite der Plätzchen auftragen.
Die weiße Schokolade in kleine Stückchen brechen, zusammen mit der Butter und dem Eierlikör über dem heißen Wasserbad zu einer glatten Masse rühren. Mindestens 1 Stunde kühl stellen.
Nun mit dem Handrührgerät zu einer luftigen Creme aufschlagen.
Die Creme in einen Spritzbeutel mit großer Lochtülle füllen, auf die Hälfte des Gebäcks spritzen, die zweite Hälfte darauf setzen und fest werden lassen.

Elisenlebkuchen mit Mandelblättchen verziert

2 Eier
180 g Rohrzucker
2 Tl Lebkuchengewürz
2 Tl abgeriebene Zitronenschale
2 El Rum
75 g sehr klein gewürfeltes Zitronat
1/4 Tl Backpulver
je 125 g gemahlene Mandeln und Haselnüsse
ca. 20 Backoblaten (à 9 cm Ø)
50 g Mandelblättchen

Für die Glasur:
180 g Puderzucker
1 El flüssige Butter
1 El Zitronensaft
3 El Kristallzucker

Die Eier mit Rohrzucker, Lebkuchengewürz, Zitronenschale und Rum dick cremig schlagen. Dann Zitronat, Backpulver, Mandeln und Nüsse unterrühren, so dass der Teig noch streichfähig ist. Die Oblaten tannenbaumförmig ausschneiden. Den Teig mit einem feuchten Messer gut 1 cm hoch auf die Oblaten streichen. Auf ein Blech legen und über Nacht zum Trocknen kühl stellen.
Am nächsten Tag die Lebkuchen im vorgeheizten Backofen bei 150 °C auf der mittleren Einschubleiste ca. 30 Minuten hellbraun backen. Die Mandelblättchen in einer Pfanne ohne Fett anrösten. 150 g Puderzucker, flüssige Butter, Zitronensaft und etwas Wasser zu einem Guss verrühren. Auf die warmen Lebkuchen streichen und mit Mandelblättchen garnieren. Den restlichen Puderzucker mit ca. 1 Tl Wasser zu einem dicken Guss rühren, in einen kleinen Gefrierbeutel füllen, eine winzig kleine Ecke abschneiden und dekorativ über die Kuchen spritzen, dann mit Kristallzucker bestreuen und auskühlen lassen.

Haferflockenplätzchen

125 g Butter
250 g Haferflocken
125 g Mehl
1 Päckchen Backpulver
125 g Speisestärke
175 g Zucker
1 Päckchen Vanillezucker
1 Prise Salz
1/2 Tl Zimt
1 El abgeriebene Zitronenschale
2 Eier
3 El Milch

Zum Verzieren:
Schokospäne
Hagelzucker

Die Butter in einem kleinen Topf aufschäumen. Die Haferflocken in eine Schüssel geben, mit der heißen Butter begießen und verrühren. Das Mehl mit dem Backpulver mischen und dazusieben. Die Speisestärke, den Zucker und Vanillezucker, das Salz, den Zimt und die Zitronenschale untermischen und mit den Eiern und der Milch zu einem Teig verrühren.

Von der Masse kleine Häufchen abstechen und im Abstand von ca. 4 cm auf ein mit Backpapier ausgelegtes Backblech setzen (ergibt ca. 50 Stück). Im vorgeheizten Backofen bei 175 °C ca. 25 Minuten hellbraun backen. Anschließend die Haferflockenplätzchen herausnehmen, auf ein Kuchengitter setzen und noch warm mit Schokospänen und Hagelzucker verzieren.

150 g Mehl
100 g Butter
1 Eigelb
110 g Zucker
1/2 Päckchen Vanillezucker
1 Prise Salz
1 Eiweiß
1 Msp. Anispulver
1/2 Tl gestoßener Anissamen

Anismonde

Das Mehl auf die Arbeitsfläche sieben und in die Mitte eine Mulde drücken. Die klein geschnittene Butter, das Eigelb, 20 g Zucker, Vanillezucker und Salz in die Mulde geben. Das Ganze mit den Händen rasch zu einem geschmeidigen Teig verarbeiten, diesen in Folie wickeln und über Nacht im Kühlschrank ruhen lassen.
Die Arbeitsfläche mit Mehl ausstreuen und den Teig darauf etwa 4 mm dick ausrollen. Monde ausstechen und auf ein mit Backpapier ausgelegtes Backblech legen.
Das Eiweiß sehr steif schlagen und nach und nach 90 g Zucker einrieseln lassen. Anispulver und -samen untermischen. Diese Mischung in einen Spritzbeutel füllen und auf die Monde spritzen. Im Backofen bei 170 °C etwa 15–20 Minuten backen.

50 g Puderzucker
1 El Speisestärke
400 g Marzipanrohmasse
1 Eiweiß
1 Eigelb
Mandelhälften

Bethmännchen

Den Puderzucker mit der Speisestärke in eine Schüssel sieben. Das Marzipan klein schneiden und mit dem Eiweiß dazugeben. Alles zu einem Teig verkneten und abgedeckt 1 Stunde im Kühlschrank ruhen lassen.
Aus dem Teig Kugeln mit einem Durchmesser von etwa 1,5 cm formen (ergibt etwa 40 Stück) und auf ein mit Backpapier ausgelegtes Backblech setzen. Das Eigelb mit 1–2 El Wasser verquirlen und die Kugeln damit bestreichen. Jeweils 3 halbe Mandeln in 1 Kugel drücken. Die Bethmännchen an einem kühlen Ort etwa 8 Stunden (oder über Nacht) trocknen lassen. Den Backofen auf 150 °C vorheizen und die Bethmännchen darin etwa 20 Minuten goldgelb backen.

250 g weiche Butter
200 g Zucker
1 El Vanillezucker
4 Eier
150 g Mehl
1/2 Tl Backpulver
1 Prise Salz
100 g Zartbitterschokolade
150 g Walnusskerne
200 g Kuvertüre
200 g Walnusskernhälften

Brownies

Die weiche Butter mit Zucker, Vanillezucker und Eiern in einer Rührschüssel cremig schlagen. Das gesiebte Mehl mit Backpulver und Salz dazugeben und verrühren. Die Schokolade im Mixer fein zerbröckeln und die Walnusskerne grob hacken. Beides unter den Teig rühren. Ein Backblech mit Backpapier auslegen und den Teig darauf ausstreichen. Im Backofen bei 200 °C etwa 20–30 Minuten backen. Aus dem Backofen nehmen und abkühlen lassen. Zwischenzeitlich die Kuvertüre im Wasserbad schmelzen und die »Brownieplatte« damit bestreichen. Mit den Walnusskernhälften belegen.

Abschließend mit einem scharfen Messer Rechtecke herausschneiden und vom Backblech lösen.

250 g Honig
125 ml Öl
125 g brauner Zucker
50 g Zitronat
50 g Orangeat
100 g geriebene Mandeln
1 Prise Salz
1/2 Tl Zimt
1 Msp. Nelkenpulver
350 g Mehl
1/2 Päckchen Backpulver
2 Eier
Dosenmilch
halbierte, abgezogene Mandeln
Belegkirschen

Dicker Honigkuchen

Den Honig zusammen mit Öl und Zucker unter ständigem Rühren in einem Topf erhitzen und kurz aufkochen lassen. Die Früchte, Mandeln und Gewürze dazugeben und verrühren. Das Ganze abkühlen lassen. Das Mehl zusammen mit dem Backpulver sieben und mit der Honigmasse und den Eiern verrühren.

Eine Saftpfanne mit Backpapier auslegen und die Honigmasse darin ausstreichen. Mit einem spitzen Messer die Stücke einritzen und mit der Dosenmilch bestreichen. Mit Mandeln und halbierten Belegkirschen verzieren.

Im vorgeheizten Backofen bei 180 °C etwa 35–40 Minuten backen. Den Kuchen abkühlen lassen und erst dann in Stücke schneiden.

250 g Honig
250 g Rohrzucker
150 g Butter
1 Ei
100 g gemahlene Mandeln
400 g Mehl
1 El Kakao
1 Tl gemahlener Zimt
2 Tl Lebkuchengewürz
1 El unbehandelte abgeriebene Zitronenschale
1 Tl Pottasche
2 cl Rum

Für die Glasur:
150 g Puderzucker
3 El Zitronensaft
klein geschnittene kandierte Früchte
Belegkirschen

Lebkuchen mit kandierten Früchten

Honig, Rohrzucker und Butter in einem Topf unter Rühren so lange erhitzen, bis sich der Zucker aufgelöst hat. In eine breite Rührschüssel umfüllen und abkühlen lassen. Ei, Mandeln, Mehl, Kakao, die Gewürze und die Zitronenschale zufügen und mit den Knethaken des Rührgeräts gründlich durchkneten. Die Pottasche mit dem Rum verrühren, zum Teig geben und so lange weiterkneten, bis der Teig glänzt und nicht mehr klebt. Eventuell noch etwas Mehl dazugeben. Die Schüssel mit Klarsichtfolie abdecken und über Nacht in den Kühlschrank stellen. Den Teig in 2 Portionen teilen und auf der leicht bemehlten Arbeitsfläche ausrollen. Mit verschiedenen Förmchen die Plätzchen ausstechen und auf ein mit Mehl bestäubtes Backblech setzen. Das Backblech in den auf 180 °C vorgeheizten Backofen schieben und ca. 18 Minuten backen. Die Plätzchen vorsichtig vom Backblech lösen, denn sie sind noch sehr weich. Zum Auskühlen auf ein Kuchengitter setzen.

Für die Glasur den Puderzucker mit dem Zitronensaft glatt rühren und die Plätzchen damit bestreichen. Sofort mit kandierten Früchten und den Kirschen belegen, da der Guss schnell fest wird. Gut trocknen lassen und in einer luftdichten Dose aufbewahren.

250 g Mehl
1 Tl Backpulver
100 g Zucker
50 g gemahlene Mandeln
2 Msp. Kardamom
2 Msp. Nelkenpulver
1/2 Tl Zimt
1 Ei
125 g kalte Butter
Quittengelee
Puderzucker zum Bestäuben

Mürbeteigplätzchen mit Quittengeleefüllung

Das Mehl mit Backpulver, Zucker, Mandeln und den Gewürzen gut mischen. Das Ei und die Butter zufügen und schnell verkneten.
Zu einer Kugel formen, in Klarsichtfolie wickeln und 30 Minuten im Kühlschrank ruhen lassen. Den Teig auf einer bemehlten Arbeitsfläche dünn ausrollen und mit verschiedenen Förmchen die Plätzchen ausstechen. Bei je einem von zwei gleichen Plätzchen in der Mitte eine kleine Form ausstechen.
Auf ein mit Backpapier ausgelegtes Backblech legen und im vorgeheizten Backofen bei 175 °C 10 Minuten backen. Mit der Palette auf ein Kuchengitter setzen und auskühlen lassen. Das Quittengelee erwärmen. Die Plätzchen ohne Loch mit Marmelade bestreichen, ein zweites Plätzchen mit Loch darauf setzen und dick mit Puderzucker bestäuben.

220 g weiche Butter
90 g Puderzucker
1 Prise Salz
1 Tl abgeriebene Zitronenschale
Mark einer Vanilleschote
1 Ei
300 g Mehl

Zum Verzieren:
100 g dunkle Kuvertüre

Spritzgebäckringe

Alle Zutaten zu einem glatten Rührteig verarbeiten und mittels eines Spritzbeutels mit Sterntülle auf ein mit Backpapier ausgelegtes Backblech Kreise aufspritzen.
Im vorgeheizten Backofen bei 180 °C etwa 12 Minuten hellgelb backen.
Die Spritzgebäckringe nach Belieben mit etwas flüssiger Kuvertüre verzieren.

250 g Puderzucker
120 g gemahlene Haselnüsse
120 g gemahlene Mandeln
Mark von 1/2 Vanilleschote
1 Ei
1 Eigelb
150 g dunkle Kuvertüre
1 Msp. gemahlene Gewürznelken
120 g Crème double
(Zimmertemperatur)

Zum Verzieren:
Puderzucker

Haselnuss-Schokoladen-Plätzchen

Den Puderzucker mit Haselnüssen, Mandeln und Vanillemark in einer Rührschüssel mischen. Ei und Eigelb zugeben und alles zu einem glatten Teig verkneten. In Folie wickeln und 30 Minuten kalt stellen. Den Teig auf einer mit etwas Puderzucker bestäubten Arbeitsfläche ca. 5 mm dünn ausrollen, kleine Kreise ausstechen (ergibt etwa 24 Stück) und mit etwas Abstand auf ein mit Backpapier ausgelegtes Backblech legen. Im vorgeheizten Backofen bei 200 °C etwa 10 Minuten backen. Die Plätzchen herausnehmen und auf einem Kuchengitter abkühlen lassen. Die zerkleinerte Kuvertüre im Wasserbad schmelzen, Nelkenpulver darüberstreuen, vom Wasserbad nehmen und die Crème double unterheben, bis alles eine gleichmäßige Färbung hat. Zu einer streichfähigen Masse abkühlen lassen. Mit einem Teelöffel auf die Hälfte der Plätzchen etwas Schokomasse geben und mit einem zweiten Plätzchen zusammensetzen. Trocknen lassen und mit Puderzucker bestäuben.

200 g Butter
80 g Zucker
1 Prise Salz
1 Päckchen Vanillezucker
1 Eigelb
4 cl Cognac
Frisch geriebene Muskatnuss
300 g Mehl

Für die Füllung und die Glasur:
50 g Aprikosenkonfitüre
100 g Puderzucker
2–3 El Zitronensaft
Lebensmittelfarbe

Bunte Aprikosenplätzchen

Butter mit Zucker, Salz und Vanillezucker cremig schlagen. Eigelb mit Cognac und Muskatnuss unterrühren. Das Mehl rasch untermischen und den Teig zwischen 2 Lagen Klarsichtfolie 3–4 mm dick ausrollen. 2 Stunden in den Kühlschrank legen. Dann mit ebenfalls gekühlten Formen Plätzchen ausstechen, auf ein mit Backpapier ausgelegtes Blech legen und im vorgeheizten Backofen bei 180 °C ca. 12 Minuten goldgelb backen. Das Backblech aus dem Ofen nehmen, die Plätzchen erst auf dem Backblech kurz abkühlen, dann auf dem Kuchengitter auskühlen lassen. Die Aprikosenkonfitüre in einem kleinen Topf erwärmen und die Hälfte der Plätzchen damit einstreichen, die restlichen Plätzchen darauf setzen.
Puderzucker mit Zitronensaft zu einem Guss verrühren. Den Guss aufteilen und mit Lebensmittelfarbe färben, etwas weißen Guss zurückhalten. Plätzchen damit bestreichen, trocknen lassen. Den weißen Guss in einen kleinen Gefrierbeutel geben, eine kleine Ecke abschneiden und die Plätzchen damit verzieren.

Weihnachtsplätzchen mit Erdnusscreme gefüllt

220 g Puderzucker
1 Prise Salz
1 El Rum
320 g Mehl
80 g gemahlene Mandeln
2 Eier
einige Tropfen Mandelaroma
50 g Butter

Für die Füllung:
100 g Erdnüsse
2 El Honig
1 El Kakaopulver

Zum Verzieren:
Puderzucker

Alle Zutaten für den Teig vermischen, zu einem glatten Teig verkneten und in Klarsichtfolie verpackt im Kühlschrank mindestens 30 Minuten ruhen lassen. Anschließend den Teig auf der bemehlten Arbeitsfläche 2–3 mm dick ausrollen und mit Förmchen mit Weihnachtsmotiven ausstechen. Die Plätzchen auf ein mit Backpapier ausgelegtes Backblech legen und im auf 180 °C vorgeheizten Backofen ca. 8 Minuten hellgelb backen. Herausnehmen und abkühlen lassen.
Für die Füllung die Erdnüsse fein mahlen und mit Honig und Kakao glatt rühren. Je 2 Plätzchen mit der Erdnusscreme zusammenkleben. Nach Belieben mit Zuckerguss verzieren und/oder mit Puderzucker bestäuben.

300 g Mehl
100 g Zucker
1 Päckchen Vanillezucker
1 Prise Salz
200 g kalte Butter
1 Ei
1 El Belegkirschen
1 El Orangeat
1 El Zitronat
2 El Krokant
1 Eigelb

Früchteplätzchen

Das Mehl sieben und mit Zucker, Vanillezucker und Salz auf die Arbeitsfläche häufen. Die klein geschnittene Butter darauf verteilen. In die Mitte eine Mulde drücken und das Ei hineingeben. Das Ganze mit den Händen zu einem geschmeidigen Teig verkneten.
Die Kirschen mit Orangeat und Zitronat etwas klein hacken und zusammen mit dem Krokant unter den Teig mischen. In Folie gewickelt 1 Stunde im Kühlschrank ruhen lassen. Das Backblech mit Backpapier belegen und den Backofen auf 160 °C vorheizen. Die Arbeitsfläche mit Mehl bestreuen, den Teig darauf etwa 5 mm dick ausrollen und mit einem Ausstecher Plätzchen ausstanzen. Die Plätzchen auf das Backblech setzen und mit dem mit 1–2 El Wasser verquirlten Eigelb bestreichen. Im Backofenetwa 12–15 Minuten goldgelb backen.

300 g Mehl
100 g Puderzucker
1 Päckchen Vanillezucker
1 Prise Salz
200 g kalte Butter
1 Ei
100 g Haselnüsse

Für die Glasur:
100 g zartbittere
Schokoladenkuvertüre

Haselnussbrot

Das Mehl mit Puderzucker, Vanillezucker und Salz auf die Arbeitsfläche häufen. Die klein geschnittene Butter darauf verteilen. In die Mitte eine Mulde drücken und das Ei hineingeben. Mit den Händen rasch zu einem geschmeidigen Teig verkneten. Dann die Haselnüsse in den Teig kneten. Den Teig zu einer etwa 40 cm langen (oder zu zwei 20 cm langen) Rollen formen und in Folie gewickelt etwa 1 Stunde im Kühlschrank ruhen lassen. Das Backblech mit Backpapier auslegen und den Backofen auf 180 °C vorheizen. Die Teigrolle aus der Folie wickeln, in etwa 8 mm dicke Scheiben schneiden (ergibt etwa 50 Stück) und auf das Backblech setzen. Im Backofen etwa 12–15 Minuten backen und anschließend abkühlen lassen. Zwischenzeitlich die Kuvertüre im Wasserbad schmelzen und die Haselnussbrote bis zur Mitte in die Schokolade tauchen. Auf Backpapier legen und trocknen lassen.

Orangenplätzchen

300 g weiche Butter
150 g gesiebter Puderzucker
3 Eigelb
1 Msp. Vanillemark
1 Tl abgeriebene Orangenschale
2–3 Tropfen Orangenöl
300 g Mehl

Für die Glasur:
100 g gesiebter Puderzucker
3 El Orangenlikör
40 g halbierte Belegkirschen

Butter und Zucker mit dem Rührgerät sehr schaumig rühren. Nach und nach das Eigelb zufügen und so lange rühren, bis eine cremige Masse entstanden ist. Vanillemark, Orangenschale und Orangenöl unterarbeiten und esslöffelweise das Mehl unter den Teig arbeiten. Den Teig zu zwei Kugeln formen, in Folie wickeln und über Nacht im Kühlschrank ruhen lassen. Die Teigkugeln auf der bemehlten Arbeitsfläche ausrollen und die Plätzchen ausstechen. Die Rohlinge auf ein mit Backpapier ausgelegtes Backblech legen und im vorgeheizten Backofen bei 170 °C etwa 15 Minuten backen. Die Ränder der Plätzchen dürfen nur ganz leicht bräunen. Zum Auskühlen auf ein Küchengitter legen. Für die Glasur den Puderzucker mit dem Orangenlikör glatt rühren, bis ein zähflüssiger Guss entsteht. Die Plätzchen damit bestreichen und mit den halbierten Belegkirschen verzieren.

100 g Mandeln
150 g Orangeat
50 g Zitronat
5 Belegkirschen
60 g Butter
400 g Sahne
140 g Zucker
30 g Mehl

Für die Glasur:
100 g Schokoladenglasur
halbierte Belegkirschen

Kleine Florentiner

Die Mandeln grob zerhacken. Orangeat, Zitronat und Belegkirschen fein hacken. Die Butter mit der Sahne in einem Topf aufkochen lassen. Die Mandeln und die Früchte sowie Zucker und Mehl dazugeben und aufkochen. Die Masse soll leicht zäh sein. Ein Backblech mit Backpapier auslegen. Aus der Masse mit zwei Teelöffeln nicht zu dicht nebeneinander kleine Häufchen auf das Backblech setzen. Diese mit einer Gabel flach drücken und bei 180 °C etwa 25 Minuten backen.

Die gebackenen Florentiner erkalten lassen. Zwischenzeitlich die Schokoladenglasur im Wasserbad schmelzen, die Unterseite der Kleinen Florentiner damit bestreichen und auf einem Kuchengitter trocknen lassen. Abschließend mit den halbierten Belegkirschen belegen.

140 g Mehl
70 g Zucker
140 g kalte Butter
70 g gemahlene Mandeln
1 Prise Salz
1 Päckchen Vanillezucker
3 hart gekochte Eidotter

Mürbebrezeln

Das Mehl in eine Rührschüssel sieben und den Zucker, die klein geschnittene Butter, Mandeln, Salz, Vanillezucker und Eidotter dazugeben. Das Ganze mit den Knethaken des Handmixers zu einem geschmeidigen Teig verarbeiten. Den Teig in Folie wickeln und 30 Minuten im Kühlschrank ruhen lassen. Den Teig aus der Folie nehmen und portionsweise auf einer leicht bemehlten Arbeitsfläche zu bleistiftstarken Rollen drehen. Dann zu Brezeln formen und auf ein gebuttertes oder mit Backpapier ausgelegtes Backblech legen. Entsprechend der Teigmasse ergeben sich etwa 50 Brezeln. Im vorgeheizten Backofen bei 200 °C etwa 12–15 Minuten backen.

Merry Christmas

200 g Mehl
1 Ei
2 Eiweiß
75 g Puderzucker
1 Päckchen Vanillezucker
1 Prise Salz
100 g kalte Butter
100 g Nougatmasse
125 g Einmachzucker

Nougattaler

Das Mehl auf die Arbeitsfläche sieben. In die Mitte eine Mulde drücken und das Ei, 1 Eiweiß, Puderzucker, Vanillezucker und Salz hineingeben. Die klein geschnittene Butter auf dem Mehlrand verteilen. Mit den Händen zu einem glatten Teig kneten und in Folie gewickelt 1 Stunde im Kühlschrank ruhen lassen. Die Nougatmasse in 1/2 cm dicke Streifen schneiden und ebenfalls kühl stellen. Den Teig aus der Folie wickeln und zwei etwa 25 cm lange Rollen formen. Diese Rollen flach drücken und die Nougatstreifen darauf verteilen. Den Teig über den Nougatstreifen zusammenschlagen und wieder zu Rollen formen. Erneut in Folie gewickelt 4 Stunden in den Kühlschrank stellen. Die Teigrollen aus der Folie nehmen und mit dem zweiten verquirlten Eiweiß bestreichen. Den Zucker auf die Arbeitsfläche streuen und die Teigrollen darin wälzen. Mit einem Messer etwa 8 mm dicke Scheiben abschneiden und auf ein mit Backpapier ausgelegtes Backblech legen. Im Backofen bei 170 °C etwa 10–12 Minuten backen.

250 g Mehl
125 g Puderzucker
abgeriebene Schale einer unbehandelten Zitrone
1 Ei
150 g kalte Butter

Für die Glasur und zum Verzieren:
Puderzucker, Zitronensaft, Rum, Himbeersirup
nach Belieben Liebesperlen, Sternanis, Silber- und Goldperlen

Verzierte Weihnachtsplätzchen

Aus Mehl, Puderzucker, Zitronenschale, Ei und Butter einen Teig kneten. In Klarsichtfolie wickeln und 2 Stunden in den Kühlschrank stellen. Den Backofen auf 180 °C vorheizen. Ein Backblech mit Backpapier belegen. Den Teig auf der bemehlten Arbeitsfläche etwa 3–4 mm dick ausrollen. Mit unterschiedlichen Förmchen die Plätzchen ausstechen und auf das Backblech legen. Im Backofen etwa 10 Minuten goldgelb backen. Plätzchen auf einem Kuchengitter gut abkühlen lassen. Für die Glasur Puderzucker mit Zitronensaft, Rum oder Himbeersirup dickflüssig verrühren. Die Plätzchen damit bepinseln oder den Zuckerguss in einen Spritzbeutel füllen und die Plätzchen damit verzieren. Die Glasur etwas antrocknen lassen. Dann nach Belieben mit Liebesperlen usw. verzieren.

200 g Marzipanrohmasse
220 g Puderzucker
3 El Zitronensaft
Speisefarbe
Silber- und Goldperlen

Bunte Plätzchen mit Silber- und Goldperlen

Das Backblech mit Backpapier belegen und den Backofen auf 200 °C vorheizen. Die Marzipanrohmasse mit 100 g Puderzucker verkneten und zwischen zwei Lagen Backpapier ausrollen. Mit Förmchen mit weihnachtlichen Motiven die Plätzchen aus dem Marzipan ausstechen und auf das Backblech legen. Im Backofen 5 Minuten backen. Auf einem Kuchengitter abkühlen lassen. Für den Guss den restlichen Puderzucker mit Zitronensaft glatt rühren. Nach Belieben mit Speisefarbe einfärben und die Plätzchen damit bepinseln. Mit den verschiedenen Perlen nach Lust und Laune verzieren.

250 g Mehl
125 g Puderzucker
abgeriebene Schale
von 1/2 Zitrone
1 Ei
150 g kalte Butter

Für die Glasur und zum Verzieren:
125 g Puderzucker
2–3 El Zitronensaft
Zuckerperlen, Puderzucker und
andere Zuckerverzierungen

Bunte Butterplätzchen

Das Mehl mit Puderzucker und Zitronenschale auf die Arbeitsfläche häufen. Das Ei in die Mitte geben und die klein geschnittene Butter rundherum verteilen. Alles mit einem großen Messer durchhacken, dann mit den Händen zu einem festen Teig verkneten. Zu einer Kugel formen und in Klarsichtfolie gewickelt für mindestens 1 Stunde in den Kühlschrank stellen.
Den Backofen auf 180 °C vorheizen. Ein Backblech mit Backpapier auslegen. Den Teig auf der bemehlten Arbeitsfläche etwa 3 mm dick ausrollen. Mit unterschiedlichen Weihnachtsförmchen die Plätzchen ausstechen und auf das Backblech setzen. Im Backofen etwa 10 Minuten goldgelb backen. Die Plätzchen auf ein Kuchengitter setzen und gut abkühlen lassen. Für den Guss Puderzucker mit Zitronensaft dickflüssig rühren. Die Plätzchen dünn mit der Glasur bestreichen und mit den verschiedenen Zuckerperlen nach Belieben verzieren. Zum Schluss mit Puderzucker bestreuen.

300 g Mehl
100 g Zucker
2 Tl Lebkuchengewürz
1 Tl Backpulver
2 El bitterer Kakao
1 Ei
200 g kalte Butter

Für die Glasur:
125 g Puderzucker
2–3 El Zitronensaft

Lebkuchenplätzchen mit Zitronenguss

Das Mehl auf die Arbeitsfläche sieben und mit Zucker, Lebkuchengewürz, Backpulver, Kakao, Ei und Butter vom Rand aus zu einem geschmeidigen Teig kneten. Zu einer Kugel formen und in Klarsichtfolie gewickelt für 2 Stunden im Kühlschrank ruhen lassen. Die Arbeitsfläche mit Mehl bestreuen, den Teig 1 cm dick ausrollen und mit bemehlten Förmchen die Plätzchen ausstechen. Den Backofen auf 180 °C vorheizen. Das Backblech mit Backpapier auslegen und die Plätzchen etwa 15 Minuten backen, bis sie recht knusprig sind. Mit einer Palette auf das Kuchengitter heben und abkühlen lassen. Puderzucker und Zitronensaft für die Glasur miteinander verrühren, in einen Spritzbeutel füllen und die abgekühlten Plätzchen damit verzieren.

Sally

30 g Butter
4 El Zucker
1/2 Tl Hirschhornsalz
1 El Rum
1 Ei
150 g Weizenvollkornmehl
75 g fein gehackte Walnüsse
Je 1/4 Tl gemahlener Zimt, Gewürznelken, Kardamom, Piment und Muskatblüte
1 Tl abgeriebene Zitronenschale
1 Prise Salz

Für die Glasur:
50 g Zartbitterschokolade
20 Walnusskernhälften

Walnuss-Lebkuchen

Die Butter mit dem Zucker cremig rühren. Das Hirschhornsalz mit Rum und dem Ei zur Buttermischung geben und unterrühren. Mehl, Nüsse, Gewürze, Zitronenschale und Salz untermischen, alles gut miteinander verkneten, zu einer Rolle formen und in Klarsichtfolie gewickelt über Nacht im Kühlschrank ruhen lassen. Von der Teigrolle 20 gleich große Stücke abschneiden, diese zu Kugeln formen und zu ca. 1 cm dicken Talern ausrollen (ergibt etwa 20 Stück). Die Lebkuchen auf ein mit Backpapier ausgelegtes Backblech legen. Im vorgeheizten Backofen bei 180 °C etwa 15–20 Minuten backen. Die Plätzchen herausnehmen und abkühlen lassen. Für die Glasur die zerkleinerte Schokolade im Wasserbad schmelzen und die Lebkuchenoberseite damit einstreichen, sofort mit einer Walnusskernhälfte besetzen und die Schokolade erstarren lassen.

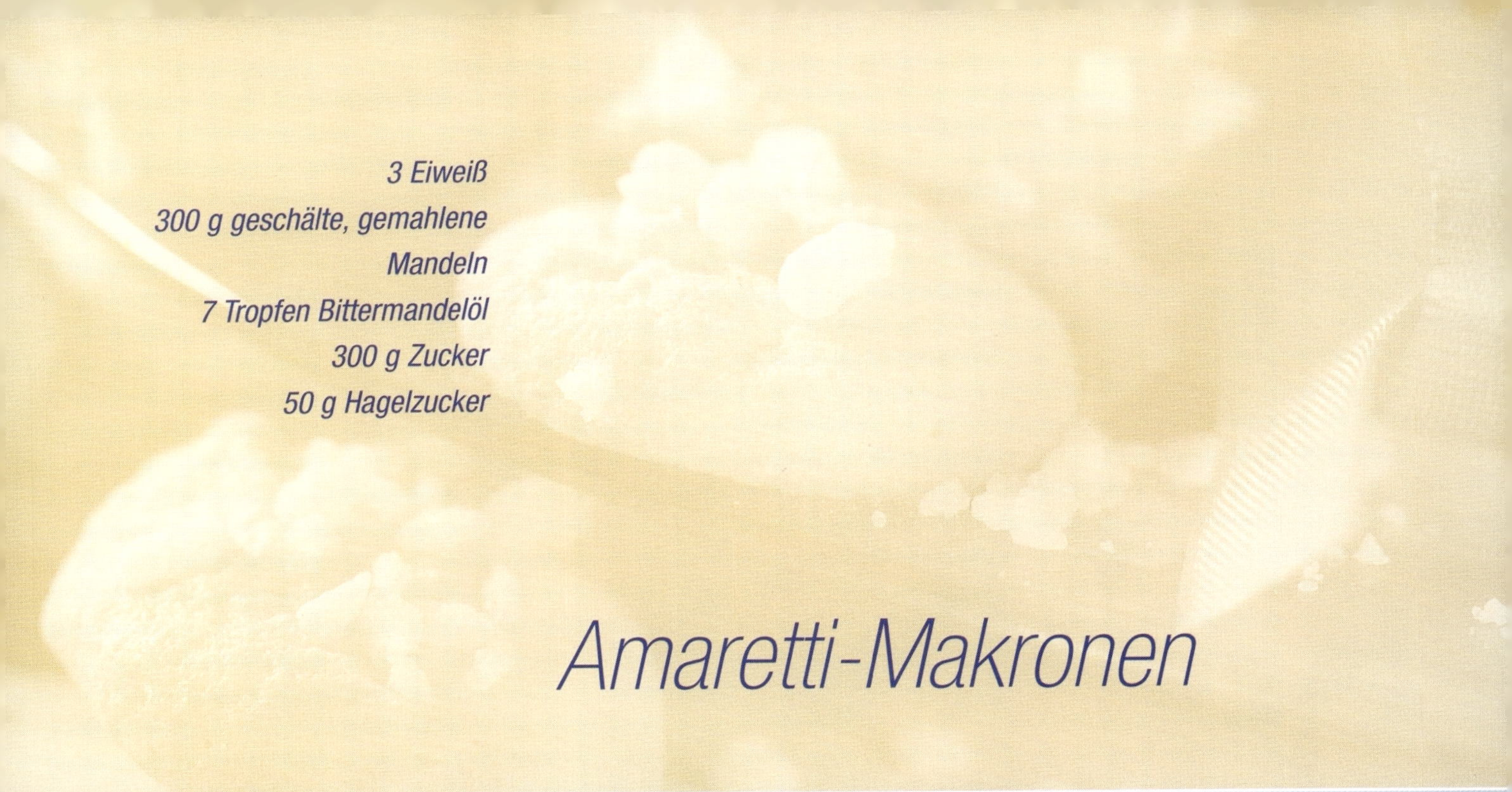

3 Eiweiß
300 g geschälte, gemahlene Mandeln
7 Tropfen Bittermandelöl
300 g Zucker
50 g Hagelzucker

Amaretti-Makronen

Das Eiweiß steif schlagen. Die Mandeln mit dem Mandelöl und dem Zucker unter den Eischnee heben. Aus dem Teig walnussgroße Kugeln formen (ergibt etwa 40 Stück), ein wenig flach drücken und auf ein mit Backpapier ausgelegtes Backblech legen. Etwas Abstand lassen, denn die Amaretti laufen beim Backen auseinander. Im vorgeheizten Backofen bei 160 °C etwa 25 Minuten backen. Die Amaretti-Makronen herausnehmen und mit Hagelzucker bestreuen. Auf ein Kuchengitter setzen und abkühlen lassen.

150 g Butter
75 g Zucker
200 g Mehl
1 Prise Salz
80 g gemahlene Mandeln
2 Päckchen Bourbon-Vanillezucker
50 g Puderzucker

Vanillekipferl

Die Butter stückchenweise mit Zucker, Salz, Mehl und Mandeln vermischen und rasch zu einem geschmeidigen Teig kneten. Den Teig in Folie gewickelt über Nacht im Kühlschrank ruhen lassen. Den Backofen auf 190 °C Ober- und Unterhitze vorheizen und das Backblech mit Backpapier auslegen. Den Teig portionieren, zu dünnen Rollen formen und in 6 cm lange Stücke schneiden (ergibt etwa 30 Stück). Die Teigstücke rasch zu Kipferln formen, auf das Backblech legen und etwa 12 Minuten backen. Vanillezucker und Puderzucker miteinander vermischen. Die Kipferl noch heiß in dem Zuckergemisch wälzen.

100 g Haferflocken
100 g Butter
1 Ei
100 g Rohrzucker
1 Päckchen Vanillezucker
1 Prise Salz
1/2 Tl Zimtpulver
10 g Erdnussbutter
40 g Mehl
75 g gehackte Erdnüsse
ca. 3 El Ahornsirup
etwas Kristallzucker

Nussrauten

Die Haferflocken in heißer Butter in einer Pfanne ca. 3 Minuten bei mittlerer Hitze anrösten. Vom Herd ziehen und abkühlen lassen. Das Ei mit Rohrzucker, Vanillezucker, Salz und Zimt schaumig schlagen. Erdnussbutter, Mehl, geröstete Haferflocken und Erdnüsse nacheinander unterrühren. Eine Form (18 x 18 cm) einfetten, den Teig einfüllen und glatt streichen. Im vorgeheizten Backofen bei 200 °C etwa 12 Minuten goldbraun backen, danach herausnehmen und abkühlen lassen. Dann den Kuchen mit Ahornsirup einstreichen und erst in ca. 3 cm breite Streifen, dann diese in je 5 Rauten schneiden (ergibt etwa 30 Stück). Nach Belieben mit Kristallzucker bestreuen.

200 g Mehl
1/4 Tl Backpulver
75 g Zucker
1 Packung Vanillezucker
1 Ei
1 Prise Salz
125 g kalte Butter

Zum Belegen:
400 g Nüsse, z. B. Haselnüsse, Walnüsse, Pinienkerne etc.
4 El Aprikosenkonfitüre
2 Eigelb

Nussknacker

Das gesiebte Mehl mit Backpulver, Zucker und Vanillezucker auf die Arbeitsfläche häufen. In die Mitte eine Mulde drücken und das Ei und das Salz hineingeben. Die klein geschnittene Butter auf den Rand setzen und alles mit den Händen rasch zu einem glatten Teig verkneten. In Folie gewickelt 30 Minuten im Kühlschrank ruhen lassen. Zwischenzeitlich, falls notwendig, die Nüsse mit heißem Wasser begießen und von der Haut befreien. Die Konfitüre in einem Topf erwärmen. Den Teig auf der bemehlten Arbeitsfläche ausrollen, Kreise von etwa 7 cm Durchmesser ausstechen (ergibt etwa 20 Plätzchen) und mit der warmen Konfitüre bestreichen. Mit den Nüssen belegen und mit dem in etwas Wasser verquirlten Eigelb überziehen. Auf ein mit Backpapier ausgelegtes Backblech legen und im vorgeheizten Backofen bei 175 °C etwa 15–20 Minuten backen.

Butterschmalz für das Backblech
1 Eiweiß
1 Prise Salz
50 g Zucker
Saft von 1/2 Zitrone
2 TL abgeriebene Zitronenschale
100 g Marzipanrohmasse
100 g Kokosflocken

Zum Verzieren:
ca. 100 g dunkle Kuvertüre

Kokosmakronen

Den Backofen auf 160°C vorheizen. Ein Backblech mit Butterschmalz einfetten. Das Eiweiß steif schlagen. Nach und nach Salz, Zucker, Zitronensaft und -schale zugeben und weiterrühren, bis der Schnee sehr steif ist. Die Marzipanrohmasse fein zerkleinern, mit den Kokosflocken mischen und beides locker unter den Eischnee rühren. Mit zwei feuchten Teelöffeln kleine Häufchen abstechen und mit etwas Abstand voneinander auf das Blech setzen. Auf mittlerer Schiene ca. 25 Minuten backen. Herausnehmen und abkühlen lassen. Zum Verzieren die Kuvertüre zerkleinern und im Wasserbad schmelzen. Die Makronen zur Hälfte darin eintauchen, abtropfen und trocknen lassen.

150 g Mehl
1/2 Tl Backpulver
100 g Butter
50 g Zucker
1 Prise Salz
1 Päckchen Vanillinzucker
1 Ei

Zum Belegen:
400 g Zartbitterkuvertüre
300 g Mandelstifte

Plätzchen mit Mandelsplittern

Das Mehl in eine Schüssel sieben und mit den übrigen Zutaten zu einem glatten Teig verkneten. In Folie wickeln und 1 Stunde im Kühlschrank ruhen lassen. Den Teig auf einer bemehlten Arbeitsfläche ausrollen und mit einer runden Form Plätzchen von etwa 4 cm Durchmesser ausstechen (ergibt etwa 50 Stück). Den Backofen auf 200 °C vorheizen und das Backblech mit Backpapier auslegen. Die Plätzchen auf das Backblech legen und 8–10 Minuten backen. Zwischenzeitlich die Kuvertüre im Wasserbad schmelzen und die Mandelstifte unterziehen. Die Plätzchen aus dem Backofen nehmen, kurz abkühlen lassen und die Mandelmasse mit Hilfe von zwei Teelöffeln darauf verteilen. Auf einem Kuchengitter gut trocknen lassen.

150 g Mehl
200 g Zucker
1 El Kakao
75 g Butter
1 Eigelb
2 Eiweiß
125 g geriebene Bitterschokolade
100 g gemahlene Haselnüsse
2 El Rum

Schokoladenplätzchen

Das Mehl auf eine Arbeitsfläche sieben. 50 g Zucker, Kakao, klein geschnittene Butter darauf häufen. In die Mitte eine Mulde drücken und das Eigelb hineingeben. Mit den Händen rasch zu einem Mürbeteig verarbeiten. Den Teig in Folie wickeln und 1 Stunde im Kühlschrank ruhen lassen. Anschließend den Teig aus der Folie wickeln und auf einer bemehlten Arbeitsfläche etwa 3 mm dick ausrollen. Die Plätzchen rund ausstechen (etwa 3 cm Durchmesser). Ein Backblech mit Backpapier auslegen und die Plätzchen daraufsetzen. Das Eiweiß sehr steif schlagen. 150 g Zucker, Schokolade, Haselnüsse und Rum untermischen und in einen Spritzbeutel mit Sterntülle füllen. Jeweils einen Tupfer der Eiweißmasse auf die Schokoladenplätzchen spritzen. Im Backofen bei 170 °C etwa 12–15 Minuten backen.

250 g Mehl
1 Tl Backpulver
80 g Zucker
1 Prise Salz
1 Ei
125 g Butter
2 El Kakao
1 Eigelb
1 El Sahne

Schwarz-Weiß-Gebäck

Das Mehl in eine Rührschüssel sieben. Backpulver, Zucker, Salz, Ei und Butter dazugeben und rasch zu einem Mürbeteig verarbeiten. Den Teig in zwei Hälften trennen und unter die eine Hälfte den Kakao mischen. Die Teighälften jeweils in Folie wickeln und 30 Minuten im Kühlschrank ruhen lassen. Anschließend aus dem Teig jeweils 15 cm lange und bleistiftstarke Rollen formen. Eine schwarze Rolle neben eine weiße Rolle legen und leicht aneinander drücken. Zwei weitere Rollen in umgekehrter Reihenfolge (schwarz auf weiß und weiß auf schwarz) auf die ersten Rollen setzen und aneinander drücken. Von dieser Rolle gleichmäßig dünne Scheiben abschneiden und auf ein mit Backpapier ausgelegtes Backblech legen. Das Eigelb mit der Sahne verquirlen und die Ringe damit bestreichen. Im vorgeheizten Backofen bei 200 °C etwa 15 Minuten backen.

125 g weiche Butter
280 g Zucker
2 Eier
1 Prise Salz
4 Tl Zimt
1/2 Tl gemahlene Nelken
80 g gemahlene Mandeln
280 g Mehl

Zum Belegen:
1 Eigelb
2 El Sahne
50 g halbierte, abgezogene Mandeln

Zimtkarten

Die weiche Butter mit dem Handmixer auf höchster Stufe schaumig rühren. Zucker und Eier dazugeben und weiterrühren, bis eine helle Creme entsteht. Salz, Zimt, Nelken, gemahlene Mandeln und Mehl dazugeben und das Ganze zu einem geschmeidigen Teig verarbeiten. Den Teig in Folie wickeln und 30 Minuten im Kühlschrank ruhen lassen. Anschließend den Teig aus der Folie wickeln und auf einer bemehlten Arbeitsfläche dünn (etwa 3 mm) ausrollen. Mit einem Messer Rechtecke von etwa 3 x 6 cm aus dem Teig schneiden und auf ein gebuttertes oder mit Backpapier ausgelegtes Backblech legen. Dabei darauf achten, dass ausreichend Abstand zwischen den Plätzchen bleibt. Das Eigelb mit der Sahne verquirlen und die Zimtkarten damit bestreichen. Mit den halbierten Mandeln belegen.
Bei 180 °C etwa 15 Minuten backen.

250 g Mehl
1 gestrichener Tl Backpulver
70 g Zucker
1 Ei
1 Prise Salz
125 g kalte Butter
Johannisbeergelee
Puderzucker

Geleesterne

Das Mehl mit dem Backpulver auf die Arbeitsfläche sieben. In die Mitte eine Mulde drücken und Zucker, Ei und Salz in diese Mulde geben. Die klein geschnittene Butter auf den Mehlrand setzen und alles rasch zu einem glatten Teig verkneten. Den Teig in Folie gewickelt 1 Stunde im Kühlschrank ruhen lassen. Den Teig teilen, die erste Hälfte auf der bemehlten Arbeitsfläche dünn ausrollen und Sterne ausstechen. Die zweite Hälfte ebenfalls dünn ausrollen und mit speziellen Ausstechern, die nur den Rand ausstechen, die Mitte aber freilassen (im Fachhandel erhältlich), Sterne ausstanzen. Die Plätzchen auf ein mit Backpapier ausgelegtes Backblech setzen und im vorgeheizten Backofen bei 170 °C etwa 8 – 10 Minuten backen. Abkühlen lassen.

Zwischenzeitlich das Johannisbeergelee in einem Topf erwärmen und die geschlossenen Plätzchen damit bestreichen. Die „geöffneten" Plätzchen daraufsetzen und mit Puderzucker bestäuben.

Backtipps

1. Ausstechformen

Die Ausstechformen sollten vor Gebrauch immer mit Mehl bestreut werden, damit sich der Teigrohling besser löst.

2. Backblech

Zur Grundausstattung eines Backofens gehören Backbleche. Vor dem ersten Gebrauch sollten sie mit heißem Wasser ausgespült, getrocknet und, mit einem leichten Ölfilm versehen, bei 220 °C für 30 Minuten leer in den Backofen geschoben werden. So backt bei der späteren Benutzung das Backgut nicht an. Wenn viele Plätzchen hergestellt werden sollen, ist Backpapier eine große Hilfe.

3. Backpapier

Das Einfetten der Bleche erübrigt sich, und sie lassen sich später besser reinigen. Zudem kann man auf Backpapier, wenn das Blech noch im Ofen ist, die nächste Lage Plätzchen vorbereiten. Backpapier kann mehrmals verwendet werden. Gebackenes löst sich besser ab, wenn man das Backpapier mit dem Backgut für kurze Zeit auf ein feuchtes Küchentuch stellt.

4. Backpulver

Backpulver muss gleichmäßig in den Teig eingearbeitet werden.
Um dies zu erreichen, vermischt man es mit dem Mehl.

Backtipps

5. Backvorgang

In den ersten 20 Minuten der Backzeit darf der Backofen nicht geöffnet werden, da sonst der Teig zusammenfällt.

6. Kleingebäck

Kleingebäck wie Kekse oder Plätzchen sollten, wenn Ober-/Unterhitze eingesetzt wird, in der 3. Einschubleiste von unten gebacken werden.

7. Lagerung

Legt man einen halben Apfel mit in die Plätzchendose, so bleiben die Plätzchen länger frisch und saftig.

8. Papierförmchen

Papierförmchen aus Keksdosen nicht in den Müll werfen. Sie eignen sich hervorragend als Backformen für kleine Kuchen oder Muffins.

9. Temperaturen der Zutaten

Achten Sie vor dem Backen auf Hinweise, welche Temperatur Butter, Eier und Milch haben sollen. „Raumtemperatur“ verlangt, dass die Zutaten 1 Stunde vor dem Verarbeiten aus dem Kühlschrank genommen werden. „Eiskalte Butter” erhält man, indem man die Butter in Stücke schneidet und auf Backpapier oder Klarsichtfolie 20 Minuten in das Eisfach legt.

10. Umluft

Wird mit Umluft gebacken, können mehrere Bleche gleichzeitig in den Ofen geschoben werden. Dabei darauf achten, dass alle Plätzchenbleche die gleiche Backzeit haben.

11. Vorheizen

Der Backofen sollte beim Plätzchenbacken vorgeheizt werden. Elektrobacköfen brauchen ca. 10 Minuten, Gasöfen etwa 5 Minuten, bis sie die gewählte Temperatur erreicht haben.

Register